I0060586

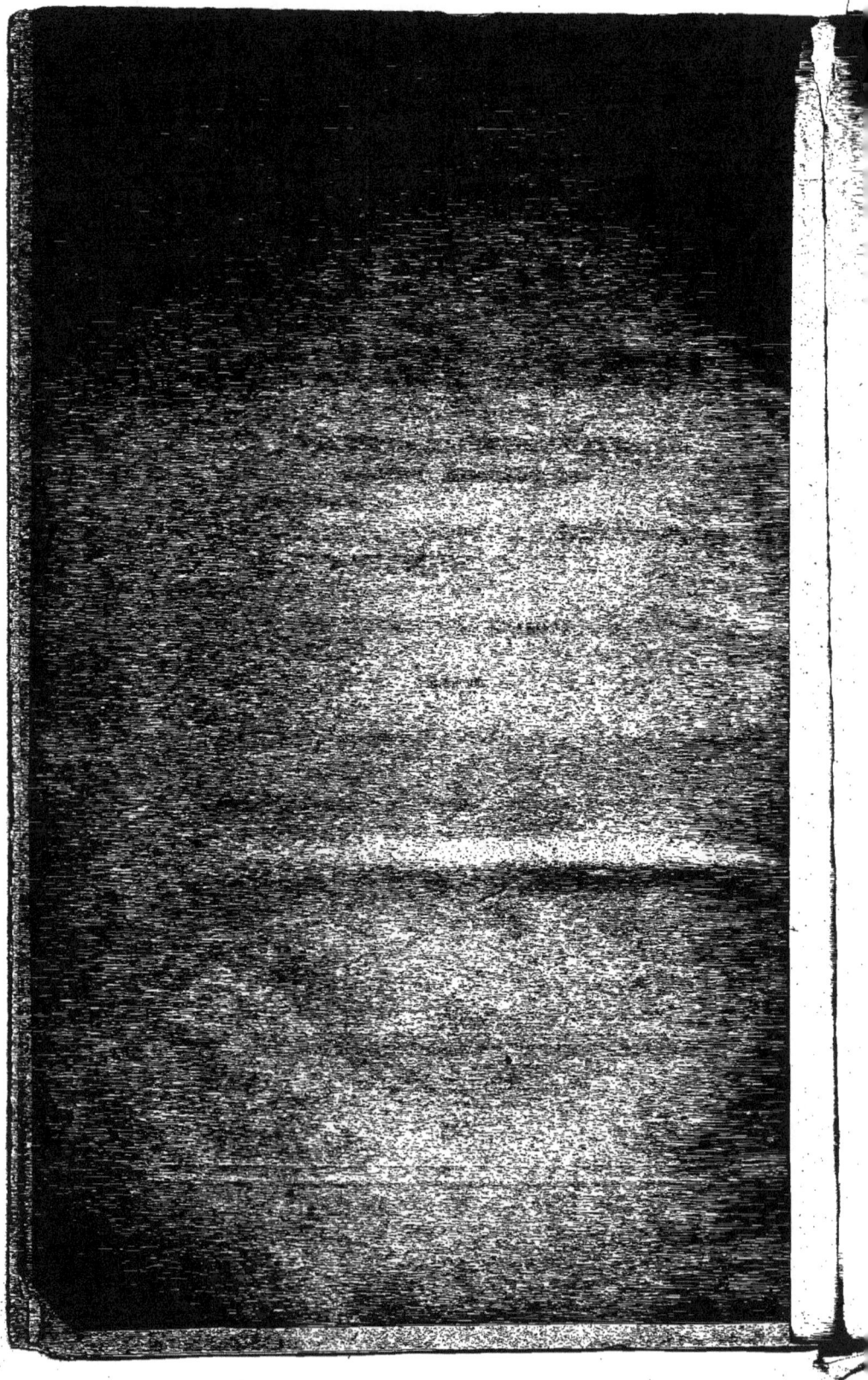

NOTE

SUR LA VOIE DE FER LA PLUS COURTE

ENTRE

PARIS ET TOULOUSE

AURILLAC, TULLE, RODEZ, ALBY, MONTAUBAN,
FOIX, CARCASSONNE, PERPIGNAN

BARCELONE ET L'ESPAGNE ORIENTALE

ET

SUR L'AMÉLIORATION FINANCIÈRE

des transversales

de LYON et CLERMONT à BORDEAUX

PAR

IVAN FLACHAT.

———◦◦◦———

PARIS
IMPRIMERIE ET LIBRAIRIE ADMINISTRATIVES DE PAUL DUPONT,
RUE DE GRENELLE-SAINT-HONORÉ, 45.

1863

TABLE.

NOTE

SUR LA VOIE DE FER LA PLUS COURTE

ENTRE

PARIS ET TOULOUSE

Aurillac, Tulle, Rodez, Alby, Montaubau,
Foix, Carcassonne, Perpignan,

BARCELONE ET L'ESPAGNE ORIENTALE

ET

SUR L'AMÉLIORATION FINANCIÈRE

DES TRANSVERSALES

de LYON et CLERMONT à BORDEAUX.

CHAPITRE I.

INTRODUCTION.

§ Ier. Exposé sommaire du projet.

Parmi les projets nombreux auxquels donne lieu l'achèvement promis et commencé du réseau des chemins de fer, on ne trouve que par exception des lignes partant de Paris. On semble être d'accord, en effet, qu'une nouvelle entrée à Paris n'est réclamée par aucun intérêt sérieux.

Aussi est-ce bien plutôt au complément des grandes transversales que l'on semble s'attacher, et c'est surtout pour la jonction des différents points du réseau entre eux que ce travail des esprits se manifeste.

La grande et importante transversale de Bordeaux à Lyon et Clermond-Ferrand est particulièrement dans ce cas, et quatre directions se disputent un trafic qui, déjà considérable aujourd'hui, est peut-être un de ceux qui, par le développement des richesses naturelles des pays traversés, ont le plus large et le plus sûr avenir.

Ces directions sont :

1º La ligne par Périgueux, Limoges, Montluçon, Gannat, Saint-Germain-des-Fossés et Roanne ;

2º Celle par Bergerac, Sarlat, Beaulieu, Aurillac, la montagne du Lioran, Massiac, Clermont, Thiers, Montbrison et Saint-Étienne ;

3º Une direction semblable jusqu'à Beaulieu, puis le cours de la Dordogne jusqu'aux bassins houillers du Cantal et du Puy-de-Dôme, Pontgibaud et Clermont ;

4º Une variante à cette ligne passant à Brives et à Tulle, puis allant par Ussel rejoindre la troisième, soit à Eygurande, soit entre Herment et Rochefort.

La première est mise à exécution et sera terminée en 1864 et 1865. Mais cette belle ligne qui, passant au nord et au pied du grand plateau central, est si intéressante par les contrées qu'elle traverse, ne donne aucune satisfaction aux populations si intelligentes et si laborieuses du plateau. Il faut évidemment autre chose, et c'est ce besoin qui a donné naissance aux trois autres lignes.

La deuxième, passant par Aurillac, est concédée de Bordeaux à Bergerac d'une part, de Clermont à Montbrison, et à Lyon d'autre part, et enfin d'Aurillac à Clermont. Cette dernière partie est la plus difficile par suite de l'altitude considérable au Lioran, des très-fortes pentes qui y seront nécessaires, et des entraves que la neige pourra y apporter à la circulation. Pour qu'Aurillac se trouve sur une transversale de Lyon à Bordeaux, il ne reste plus à concéder que la partie qui doit lui rattacher Beaulieu, Sarlat et Bergerac, et qui, d'après les études faites, semble facile et peu coûteuse.

La troisième et la quatrième sont à l'étude entre le réseau d'Orléans et Clermond-Ferrand.

Une lutte ardente existe entre les partisans de chacune de ces directions. Dans l'état actuel des choses, on sent que les trois dernières lignes ne sont pas simultanément possibles. Dépourvues de l'aliment d'une communication directe avec Paris, réduites à leur seul trafic et ne pouvant espérer qu'un lent développement des richesses naturelles propres aux contrées qu'elles traversent, elles ne semblent pas offrir de perspective assez large pour appeler à elles l'industrie privée. Elles doivent tout attendre de l'État : d'où suit la conclusion que l'État, dans l'obligation de faire un choix qui laissera de nombreux mécontents, ne se hâtera pas de faire ce choix.

Mais si ces lignes, au lieu de toucher par leur extrémité seulement, aux grandes voies ferrées qui viennent de Paris, étaient traversées dans leur milieu par une de ces grandes artères nourricières de l'industrie et du commerce, tout changerait pour elles et pour les contrées qui les réclament, et ce qui est aujourd'hui difficile ou impossible deviendrait facilement et sûrement praticable.

Une telle solution est-elle possible ? Nous croyons qu'elle l'est, et sans autre addition, que celle de 191 kilomètres de voie à des lignes actuellement exécutées.

Si l'on jette les yeux sur la carte ci-jointe, on remarque que si un chemin de fer est faisable entre Montluçon et Aurillac, il remplit la seule lacune non encore comblée pour relier à Paris le grand plateau central, et pour établir, par une ligne presque droite, les communications de Paris avec Toulouse et le Midi.

En d'autres termes, la possibilité de ce tronçon résout à la fois deux problèmes :

1° Celui des grandes transversales de Bordeaux à Lyon, en les faisant communiquer entre elles, ce qui, tout à la fois, les simplifie et les vivifie ;

2° Celui de la ligne la plus courte de Paris aux chefs-lieux de neuf départements du Centre et du Midi : Tulle, Aurillac, Rodez, Alby, Montauban, Toulouse, Foix, Carcassonne et Perpignan, et par conséquent à Barcelone et aux villes de l'Espagne orientale.

Ce tronçon est-il exécutable ? Autant que l'on peut répondre affirmativement à une question de ce genre après l'avoir étudiée sur les documents si complets du Dépôt de la guerre, nous n'hésitons pas à répondre que non-seulement cette ligne est possible, mais qu'elle l'est dans des conditions d'ouvrages et de profil en long beaucoup plus favorables que celles de plusieurs chemins exécutés en ce moment par les grandes Compagnies.

Le but de cet écrit est de démontrer les avantages et d'établir la possibilité du tronçon proposé entre Montluçon et Aurillac, ou, pour parler plus exactement, entre Montluçon et la Capelle-Viescamp, à quelque distance d'Aurillac.

Avant d'entrer dans la description du tracé, nous appellerons l'attention sur quelques données économiques, qui feront mieux ressortir l'importance d'une communication directe entre Paris, Toulouse et le Midi.

CHAPITRE II.

§ 2. Importance de la ligne de Paris à Toulouse.

D'après le recensement officiel de la population en France, la ville de Toulouse occupait, en 1861, le sixième rang, après Paris, Lyon, Marseille, Bordeaux et Lille, et précédait Rouen, Saint-Étienne et Strasbourg. Elle avait, comme Nantes, plus de 113,000 habitants, et doit l'emporter aujourd'hui sur cette ville, si leur accroissement est resté ce qu'il était avant cette date (1). Il est assez digne d'attention, d'ailleurs, que la population flottante de Toulouse dépasse celle de son émule maritime; les chiffres étaient, en 1861, de 11,301 contre 5,651, soit exactement le double. Cette considération n'est pas sans importance alors qu'il s'agit de chemins de fer, auxquels le mouvement importe avant tout.

Assise entre les deux mers, Toulouse doit peut-être en grande partie à l'œuvre de Ricquet le remarquable essor de son développement. Aujourd'hui, elle est au centre de trois

---

(1) En 1826, le chiffre de la population de *Nantes* était de......... 71,739
Il devenait en 1861... 113,625

Différence totale pour la période de 35 ans............. 41,886
ou en moyenne par an, 1,197, et pour les deux années de 1861 à 1863, de.. 2,394
La population probable en 1863 est ainsi de............. 116,019

En 1826, *Toulouse* ne comptait d'habitants que.......... 53,319
tandis qu'elle en renfermait en 1861..................... 113,229

La différence moyenne est de 1,711, et au total......... 59,910
Pour les deux années écoulées depuis le recensement, l'augmentation probable est de.................................... 3,422

et le chiffre actuel est au moins de..................... 116,651 canaux et de six voies ferrées. Elle communique par l'eau et le fer avec Bordeaux, Saint-Martory et Beaucaire ; et avant peu, les locomotives qui la relient déjà à Foix chercheront par Auch, par Tarbes et par Lexos des raccourcis sur Bayonne, le centre de la France et Paris. Enfin, les nouvelles concessions à la Compagnie du Midi comprennent un embranchement sur Bagnères-de-Luchon, appelé à être prolongé plus tard, par le col de Vénasque, vers Barbastro et la ligne de Saragosse. Ce prolongement, étudié depuis plusieurs années, paraît être le meilleur passage à travers les Pyrénées entre ceux de Bayonne et de Perpignan. Une fois exécuté, la ligne la plus courte de Paris à Madrid passera par Toulouse et Saragosse.

Au delà de Toulouse sont les Pyrénées et leurs richesses thermales et métallurgiques. Les décrire ou les nombrer nous entraînerait trop loin, et ce que nous en pourrions dire, insuffisant pour les faire connaître, n'apprendrait rien à la plupart de nos lecteurs.

Nous ne chercherons pas davantage, en appelant l'attention sur un nouveau chemin entre Paris et Toulouse, à établir le chiffre de la circulation actuelle. Le trafic, obligé de subir le détour par Bordeaux, peut difficilement être chiffré avec certitude ; il nous suffira de rappeler qu'il a paru assez important pour déterminer la concession de deux lignes de raccourci, d'une longueur totale de 170 kilomètres, devant procurer une abréviation de 14 kilomètres seulement sur le parcours de 772 par Agen et Limoges. La longueur de la voie passant par Vierzon, Limoges, Brives, Figeac et Lexos est aujourd'hui de 849 kilomètres ; elle pourra être réduite à 758, quand seront exécutées ces deux lignes : l'une, de Toulouse à Lexos, évitant le détour par Montauban, et l'autre, de Brives à Limoges, qui doit couper l'angle dont Périgueux occupe le sommet. La Compagnie d'Orléans, concessionnaire de ces deux sections, exécute avec diligence la première, qui doit lui rendre un trafic desservi, en attendant, par la Compagnie du Midi. La jonction de Brives à Limoges, moins intéressante peut-être, surtout si les tarifs sont suffisamment réduits sur l'ensemble des deux branches, se fera attendre davantage. Le tracé n'en est pas encore définitivement arrêté, et la ville de Tulle même demande qu'on adopte une ligne traversant son territoire, à laquelle on objecte qu'elle augmenterait la longueur de la grande route ferrée de Paris à Toulouse et aux Pyrénées.

Ainsi, d'après son importance, on pourrait s'étonner de voir que, la dernière parmi ses émules, Toulouse sera dotée d'un chemin direct sur Paris, si les difficultés du sol à traverser, et la lenteur prudente avec laquelle on est arrivé à admettre sur les grandes lignes les fortes pentes et les courbes raides, n'expliquaient le retard apporté à lui donner satisfaction. En fait, depuis la formation de notre premier réseau, il y a vingt ou vingt-cinq ans, les conditions d'exécution des chemins de fer se sont modifiées radicalement. Les artères principales, de Paris à Lyon, à Lille, à Bordeaux, à Strasbourg, n'obtenaient alors qu'à grand renfort de subventions les Compagnies qui ont consenti à se charger de leur exploitation; tandis qu'en 1862, le chemin qui va réunir Bergerac et ses 12,000 âmes à la ligne de Bordeaux est adjugé, à une Compagnie spéciale, sans subvention ni garantie d'intérêt, et avec des charges notablement aggravées. L'honorable directeur de la Compagnie d'Orléans hésitait, vers 1840, à établir une rampe de 8 millimètres par mètre, en amont d'Étampes; et nous voyons aujourd'hui des locomotives remonter 26 millimètres près de Saint-Étienne, et 35 près de Saint-Germain ; à l'étranger, ces chiffres mêmes ont été dépassés. — Conditions techniques et conditions financières, tout a changé radicalement dans les transports sur rails. On ajournait le chemin de Paris à Caen, dit chemin des taupes, à cause de ses nombreux tunnels ; et le mont Cenis est entamé : les actions de Lyon se cotaient 300 francs ; et le ministère intervient aujourd'hui pour régler les émissions d'obligations, de manière à ne pas trop concurrencer la rente.

La ligne directe de Paris à Toulouse, à laquelle on ne songeait point en 1842, devait donc venir à son tour, justifiée par de si profondes modifications dans l'industrie des chemins de fer et dans la richesse du pays desservi.

§ 3. — Nécessité d'une seconde ligne plus directe.

Si l'on passe en revue les principales villes de France, on trouve que presque toutes doivent avoir, d'après les concessions faites, plusieurs communications avec la capitale. Sans parler de Lyon, de Marseille et de Bordeaux, nous voyons que Saint-Étienne correspond avec elle par le Bourbonnais que traverse son trafic à petite vitesse, et par la Bourgogne où passent encore aujourd'hui ses trains express ; que Rouen, après avoir assisté à la lutte des deux tracés par la vallée et par les plateaux, a obtenu l'exécution des deux ; que Nantes et Angers, desservis jusqu'à présent par Orléans, vont communiquer sous peu de temps avec Paris par le Mans et le chemin de l'Ouest. Brest lui sera rattachée à son tour par Saint-Brieuc et par Quimper. L'Alsace a ses deux voies par Strasbourg et par Mulhouse. Il en est où il en sera de même pour des intérêts moindres, pour des parcours moindres, et, ce qui est plus important à noter, pour des branches s'éloignant moins l'une de l'autre, à l'égard de Tours, de Nevers, de Montargis, de Gray, de Besançon, de Belfort, de Reims, de Laon, de Thionville, de Dieppe, de Creil, de Calais, etc., etc.

Évidemment, une seconde ligne de Paris à Toulouse serait aussi motivée qu'aucune de celles que nous venons de citer. Examinons, cependant, les considérations qui peuvent en justifier l'établissement.

§ 4. — Tracé sommaire.

La nouvelle ligne aurait avec la ligne actuelle un tronc commun entre Paris et Vierzon ; de là, elle passerait à Bourges et à Montluçon, où commencerait la section à construire. Elle remonterait le Cher et les plateaux où se trouvent Évaux et Auzances, pour rejoindre la ligne projetée de Clermont à Bordeaux à la station d'Eygurande ; puis elle redescendrait vers le Chavanon et, en suivant son cours et celui de la Dordogne jusqu'à Bort, elle desservirait les bassins houillers d'Herment, de Messeix et de Singles ; elle pénétrerait ensuite dans celui de Champagnac et dans la vallée de la Sumène, jusque près de Vendes (1). Là, profitant de la configuration du sol, elle s'élèverait dans les environs de Mauriac, pour aboutir près de la Capelle-Viescamp, à un point de la ligne de Figeac à Aurillac situé à 19 kilomètres de cette ville.

De la Capelle à Toulouse par Figeac et Lexos, une grande partie de la ligne est en exploitation, et le surplus, en construction, sera terminé dans un ou deux ans au plus.

(1) Toute cette partie du tracé, entre Eygurande et Vendes, a fait l'objet d'études sur le terrain prescrites par l'Administration et poursuivies avec le plus grand soin par MM. Doutre, ingénieur des ponts et chaussées, et Barreau, ingénieur en chef.

Les rampes ne dépasseraient pas 12 millimètres par mètre entre Montluçon et Eygurande, c'est-à-dire dans les parties les plus élevées et sur le plus grand versant nord du tracé. Au delà, les plus fortes inclinaisons seraient maintenues aux environs de 15 millimètres, limite admise généralement par les conventions de 1863 entre l'État et les Compagnies de chemins de fer, comme pouvant être atteinte couramment dans les nouvelles lignes. Quant aux rayons des courbes, ce sera, d'une part, aux études sur le terrain, et, d'autre part, à l'examen comparatif du prix d'établissement et du produit du chemin, à déterminer le minimum à ne pas dépasser.

La distance de Paris à la gare de Montluçon est, en kilomètres, de. 326

La longueur de la ligne à construire serait d'environ. 191

Celle de la Capelle à Toulouse, par Lexos, de. . . 206
_____

Soit au total, entre Paris et Toulouse 723

La distance actuelle, par Limoges et Agen, est de. 772

Le plus grand écartement entre les deux chemins de Vierzon à Figeac serait d'environ 100 kilomètres. Celui qui nous occupe se tiendrait sensiblement à égale distance des lignes de Limoges et de Clermont.

_____

CHAPITRE III.

TRAFIC DE LA SECTION DE MONTLUÇON A AURILLAC.

L'établissement d'une seconde branche, en général, peut être déterminé ou par son trafic propre, ou parce que, amorcée à l'un ou à l'autre de ses bouts, chacune de ces amorces paraît pouvoir verser dans l'autre un trafic assez important, ou enfin parce qu'elle doit être plus courte que la première.

Nous espérons pouvoir démontrer que la jonction de Montluçon vers Aurillac se recommande à chacun de ces trois points de vue.

§ 5. — Trafic propre.

Le trafic propre d'une ligne comprend non-seulement le mouvement d'une station à une autre, mais encore celui des voyageurs et des marchandises qui partent de l'une des stations pour se diriger au delà de ses extrémités et réciproquement. Celle que nous considérons ne traversant qu'une seule sous-préfecture, Mauriac, et aucun chef-lieu, on devra s'attendre à transporter peu de voyageurs de petits parcours. La plus grande station serait celle d'Evaux et Chambon, qui entretiennent des relations journalières avec Montluçon, et dont les sources thermales attirent de nombreux voyageurs. Mauriac et Bort communiquent aussi, non sans difficulté, avec le chef-lieu du Cantal. Mais en l'état actuel, la circulation entre Montluçon et les bassins houillers d'Herment, Messeix, Singles et Champagnac, ou les agglomérations de Crocq, Pontaumur, Bourg-Lastic et Bort, est à peu près nulle; elle n'est guère plus considérable entre cette ville, Auzances, Mauriac et Aurillac. Ces relations se créeraient et se développeraient sans nul doute par l'ouverture du chemin de fer; mais il est plus sage de n'en pas exagérer l'importance de prime abord.

Il n'en serait pas de même pour la circulation des marchan-

dises. Les plateaux traversés sont peu exploités jusqu'à présent,
il est vrai, mais cela tient uniquement à la difficulté et à la
cherté des transports. Une voie de communication économique
y trouvera de considérables richesses naturelles, minérales et
végétales, à mettre en valeur. Nous ne reviendrons pas sur
l'énoncé de ces richesses ; elles ont été assez analysées et dé-
crites dans les études précédentes pour qu'il ne nous reste
rien à ajouter. Rappelons en peu de mots les efforts tentés
pour les féconder,

§ 6. — Efforts tentés pour féconder les pays traversés.

Sans remonter à l'*Essai du système général de navigation*,
dans lequel Brisson proposait, dès 1829, un canal de jonction
de la Dordogne à la Sioule et à l'Allier, trouvant précisément
dans la partie voisine du point de partage les produits auxquels il offrait des débouchés, nous rappellerons une note pu-
bliée en 1860 sur le *Complément des voies de communication
dans le centre de la France*.

Dans ce travail remarquable, M. S. Mony appelait l'attention sur ces contrées, et proposait, entre autres moyens d'a-
mélioration, un chemin de fer de Commentry à la vallée de la
Dordogne jusqu'à la rencontre de la ligne de Brives à Figeac,
avec un embranchement sur Clermont, partant de Pontgibaud.

Depuis la publication de cet écrit, le chemin de fer de la
Dordogne jusqu'au point de soudure de l'embranchement sur
Clermont et cet embranchement lui-même ont été l'objet
d'études nombreuses ; des commissions ont été organisées,
des rapports ont été rédigés ; et enfin, lors du voyage de
S. M. l'Empereur à Clermont, en 1862, une adresse lui a été
présentée à l'appui d'un avant-projet complet, dressé par les

soins de M. Amavet, propriétaire des houillères de Singles, et comprenant un embranchement d'Argentat à Tulle.

Mais l'Administration n'avait pas attendu ce moment pour s'occuper de cette question. Sous les ordres de M. l'ingénieur en chef Barreau, et après la rédaction d'un avant-projet par M. l'ingénieur de Lépinay, un service a été créé dès 1861 pour étudier un chemin de fer de Clermont à Tulle, en suivant, depuis Pontgibaud, les plateaux et le voisinage de la route n° 89, de Lyon à Bordeaux, qui dessert Ussel ; avec embranchement d'Eygurande sur les houillères de Messeix, de Singles et de Champagnac. A Tulle, le projet rejoint la ligne qui conduira à Brives, et trouvera dans cette dernière ville des chemins achevés aujourd'hui dans la direction de Périgueux, c'est-à-dire de Bordeaux, Agen, Limoges et Paris ; et dans la direction de Figeac, c'est-à-dire du bassin d'Aubin, de Rodez, Toulouse, etc.

Ce projet de tracé par les plateaux n'offre cependant, par l'embranchement d'Eygurande, qu'un débouché détourné aux bassins houillers, et rend presque impossible le concours de la navigation par la Dordogne en aval d'Argentat. De leur côté, les habitants de la vallée, plus nombreux et plus riches, et craignant d'être pour longtemps déshérités d'une voie de communication qu'ils attendent de la canalisation de leur rivière, ont sollicité et obtenu des études comparatives entre une ligne par la Dordogne et celle par les plateaux.

Ces études se poursuivent, et quelle qu'en soit la conclusion, il n'est pas douteux que le Gouvernement ne cherche, dans un délai plus ou moins court, à réunir Clermont avec la Corrèze et la Dordogne, par l'un des deux tracés, si les deux ne sont pas reconnus simultanément possibles au point de vue des produits à en espérer. Il ne reste donc qu'à chercher les

3

moyens de rendre ces chemins exécutables, en donnant satisfaction aux intérêts divers et en apparence opposés qui mili-
tent pour chacune des deux directions. Cette satisfaction serait
pleinement donnée par la ligne que nous proposons; nous
reviendrons plus loin sur cette question.

Ainsi, d'après les documents déposés ou publiés sur ce
sujet, les richesses des houillères traversées entre Eygurande
et Mauriac et des pays environnants ne sont plus contestables;
elles rémunéreront sérieusement les chemins qui leur procure-
ront des débouchés, et elles rendront avec usure l'intérêt des
capitaux que l'État et l'industrie privée y engageront, très-
probablement avant peu.

§ 7. — Le chemin de Montluçon vers Aurillac et Decazeville atteindrait rapidement ce résultat.

Les deux projets de Clermont à Tulle et à la Dordogne supposent l'échange des produits, principalement avec
l'Ouest et Bordeaux. Il n'est point sans intérêt d'examiner
s'il se ferait avec moins d'avantage vers le Nord et le Midi.
En thèse générale, nous pourrions rappeler qu'en considérant
un vaste ensemble de voies ferrées, les meilleures au point de
vue du trafic sont ordinairement celles qui, dirigées du Sud
au Nord, transportent les produits des climats les plus différents. La ligne à construire est trop courte par elle-même
pour donner, tant qu'il s'agit de son trafic propre, une très-
grande valeur à cette considération, qui trouverait parfaite-
ment sa place en parlant du transit. Mais indépendamment de
cette observation, nous avons, au Nord, le groupe industriel
du Cher et de l'Allier, au Sud, celui de l'Aveyron. A Bourges,
Montluçon, Commentry, comme à Aubin et à Decazeville, la

consommation est très-importante, et la production, déjà considérable, n'est point au niveau des besoins. On emploie, par
masses énormes, du minerai, de la houille, du calcaire, du
bois, de la terre réfractaire ; et on exporte du fer, de la fonte,
de l'acier, de la houille, de la chaux, du verre, des machines,
et des produits manufacturés de toute nature. Les habitants
du territoire parcouru ne tarderont pas à prendre leur part
à un mouvement aussi important. Tout d'abord, ils deman-
deront au chemin de fer la chaux pour amender leurs terres
et lui confieront les bois, presque inexploités encore, de leurs
30,000 hectares de forêts. Puis, à mesure que leurs capitaux
prendront courage, ils brûleront sur place leur minerai et
leur calcaire, avec leur bois ou leur coke, dans de plus vastes
proportions, sûrs d'obtenir toujours le combustible à bas prix
des nombreux bassins houillers concurrents avec lesquels ils
seront en relation. Des industries diverses, basées sur les
ressources locales, viendront ensuite se grouper, comme toujours, autour des combustibles, attirées par des débouchés
faciles et rapides vers Paris, Toulouse, Bordeaux, Clermont,
Lyon, etc... Alors, l'agriculteur riverain, au lieu d'émigrer
pour chercher fortune hors de l'Auvergne, se fixera sur un
sol qui pourra l'enrichir.

Qu'on ne s'étonne pas de ces considérations qui pourraient
paraître un rêve à celui qui n'aurait jamais ouvert les yeux
sur le prodigieux développement occasionné par les voies de
communication économique dans les pays houillers (1).
Sans sortir de France, les exemples abondent pour donner
une idée de ce genre de fécondation. La ville de Saint-Etienne,

---

(1) Comme expression de la valeur comparative, au point de vue du développe
ment du trafic, d'une population nombreuse et agricole traversée par un chemin de

avant la création des chemins de fer, vivait de l'industrie des rubans de soie ; elle avait 30,615 âmes en 1826 ; le recensement de 1846 en constatait 47,302, et celui de 1861 arrivait à 89,032. Le tonnage des voies de communication qui y abou-

fer, et d'un bassin houiller desservi en passant sur un territoire peu fertile, nous avons réuni, d'après les chiffres publiés au *Moniteur*, les renseignements statistiques suivants sur les divers chemins de création récente dont les recettes brutes ont été publiées séparément pendant ces dernières années, en négligeant pour tous le premier exercice, toujours incomplet, de leur exploitation.

NATURE DES LIGNES.		Année.	RECETTE brute.	Longueur moyenne exploitée pendant l'année.	RECETTE par kilomètre.	Année.	RECETTE brute.	Longueur moyenne exploitée pendant l'année.	RECETTE par kilomètre.	AUGMENTATION TOTALE par kilomètre.	Nombre d'années diviseur.	AUGMENTATION moyenne par an	
												par kilomètre.	par cent francs.
Pays peuplés et principalement agricoles.	Périgueux à Coutras, Brives et Limoges.	1861	1,785,790	190	9,300	1858	542,578	75	7,250	2,050	3	683	9.28
	Ouest, réseaux mixte et nouveau......	1862	4,940,586	344	14,362	1859	3,450,894	284	12,151	2,211	3	737	6.00
	Midi, réseau nouveau..........	1862	2,063,124	233	8,855	1860	742,058	99	7,400	1,455	2	728	9.83
					Pour le nombre moyen de kilomètres dans l'année moyenne.......								7.54
Pays houillers et peu peuplés.	Montluçon à Moulins et à Bourges.....	1861	1,312,064	94	14,000	1860	1,074,994	88	11,400	2,600	1	2,600	22.80
	Decazeville à Montauban et Rodez...	1861	2,446,509	201	12,200	1859	1,580,457	171	9,100	3,100	2	1,550	17.03
	Bességes à Alais...	1862	1,595,858	32	49,870	1858	915,365	32	28,600	21,270	4	5,318	18.60
	Graissessac à Béziers.	1862	695,752	52	13,603	1859	330,369	52	6,478	7,125	3	2,375	36.66
	Carmaux à Alby....	1862	897,422	45	19,828	1859	171,402	15	11,427	8,401	3	2,800	24.50
					Pour le nombre moyen de kilomètres dans l'année moyenne.......								22.30
Pays riches et industriels.	Grenoble à St-Rambert et Lyon....	1862	3,483,649	171	20,372	1857	1,682,153	109	12,300	8,072	5	1,614	13.13
	Genève à Lyon et Mâcon.........	1862	7,044,356	237	29,740	1858	4,847,863	217	22,340	7,379	4	1,843	8.25
	Midi, ancien réseau.	1862	34,395,612	797	39,390	1856	6,970,144	577	18,490	20,900	6	3,450	18.70
					Pour le nombre moyen de kilomètres dans l'année moyenne.......								16.09

Ainsi les pays peuplés et principalement agricoles de la Normandie, de la Dordogne et du Midi, n'ont donné qu'un accroissement de recettes de 7.54 p. 0/0 contre celui de 22.30 p. 0/0 donné par les pays houillers à population pauvre et clairsemée ; enfin les riches territoires du Grésivaudan, de la Provence et de la tissent ne cesse de s'accroître, et, chaque année, de nouveaux capitaux leur sont consacrés.

Le peuplement du vallon de Decazeville qui, en 1828, était un désert, et possède aujourd'hui près de 15,000 habitants, indépendamment de celui d'Aubin, est un fait au moins aussi remarquable, et dont l'assimilation aux bassins de Messeix, Singles et Champagnac est intéressante. Près de l'un passe le Lot, et les autres sont près de la Dordogne ; mais le Lot est alors un peu navigable, et la Dordogne, pas du tout ; il n'en a pas fallu davantage pour compenser la différence de la qualité des charbons, toute à l'avantage du bassin de Champagnac, et créer Decazeville.

L'agrandissement de Montluçon et le développement de Commentry sur un plateau argileux à peu près inculte sont des miracles industriels non moins saisissants, dus aux voies de communication par eau et par rails achevées en 1840 et 1844. A dater de cette époque ont été créés tous les établissements qui font aujourd'hui la richesse de ces deux villes; parties de moins de 9,400 âmes en 1840, elles étaient arrivées en 1860, d'après M. Mony, à 28,000.

Les exemples pourraient se multiplier à l'infini. Il n'en est

Gascogne, joints aux parcours de Bordeaux à Toulouse et à Marseille, la route des Pyrénées, celles de la Suisse, celle de Grenoble, c'est-à-dire des éléments exceptionnels de richesses, ont donné un chiffre moyen de 16.09 p. 0/0, et n'ont dépassé les accroissements de recettes dans les pays houillers ni absolument, ni proportionnellement aux premières recettes.

Nous n'avons point donné les chiffres, pour 1862, des trois sections de Périgueux, Montluçon et Decazeville, qui font partie du nouveau réseau de la Compagnie d'Orléans, et dont les recettes ont été publiées en bloc. Mais le rapport lu aux actionnaires le 31 mars dernier nous apprend que les deux gares qui, de tout le réseau, ont donné les plus remarquables résultats, sont celles de Montluçon et de Commentry; en passant d'une année à l'autre, la première, de 184,828 tonnes à 289,347, expéditions et réceptions; et la seconde, de 200,586 tonnes à 296,398; avec environ 50 p. 0/0 d'augmentation.

pas autrement au Creusot, à Alais, la Grand-Combe et Bességes, à Anzin et Denain ; semblable progression commence
pour les bassins de Carmaux et Graissessac, etc., etc.

Mais allons plus loin.

Suivant toute probabilité, le trafic des houillères du centre
se développera plus rapidement par leur mise en communication avec les bassins de l'Allier et de l'Aveyron que par
leurs débouchés sur Bordeaux et sur Clermont.

C'est un fait bien digne de remarque que le trafic est
d'autant plus considérable, et la production d'autant plus
grande, que les exploitations de houille sont plus rapprochées
les unes des autres. Les exemples sont nombreux :

Le chemin de Bességes aboutissant à Alais, c'est-à-dire sur
les concessions mêmes de Tamaris et de la Grand-Combe,
en pleine exploitation depuis longtemps, transporte plus de
houille de nouveaux puits que les lignes de Graissessac, de
Carmaux, d'Aubin, dont les charbons n'ont eu guère de concurrents jusqu'à présent dans un assez grand rayon. Autour
de Saint-Étienne, les concessions avoisinant cette ville expé-
dient plus vers Rive-de-Gier et au delà que sur la Loire ;
puis la section de Lyon à Chagny, et la Saône elle-même à la
remonte transportent certainement plus de charbon de Saint-
Étienne que la ligne de Genève ; bien qu'il aille à la rencontre
de ceux de Blanzy, de Montchanin, d'Epinac, etc., dont
l'extraction a une grande importance, tandis qu'il n'y a pas
une seule mine dans toute la Suisse.

Ce fait peut s'expliquer par les aptitudes spéciales des diverses sortes, et le mutuel appui que se prêtent les différentes
industries. La meilleure direction à donner à la houille est
donc de la mener sur un grand marché où la consommation

offre déjà un débouché important. Ainsi voyons-nous, malgré les difficultés des charrois, les cokes de Saint-Éloi se camionner vers Montluçon et Bourges pour se brûler dans les hauts fourneaux du Berri, et y arriver brisés, salis, et dans des conditions bien inférieures, par-dessus des houillères mieux dotées. — Ainsi les houillères du Pas-de-Calais doivent leur merveilleux essor au voisinage du grand marché du nord de la France, malgré les conditions relativement défavorables dans lesquelles se fait leur exploitation.

Du reste, le charbon ne constitue qu'une part du tonnage des voies de fer des pays houillers. Dès que son parcours doit atteindre une certaine longueur, l'industrie trouve avantage à venir le consommer sur place, et à réserver le transport à ses propres produits. C'est donc à des objets manufacturés de toute nature, autant qu'à la houille elle-même, qu'il importe d'ouvrir des débouchés. Dans cet ordre d'idées, quelle meilleure direction peut-on leur donner que celle vers Paris, d'un côté, vers la Méditerranée, de l'autre, et vers de grands foyers d'activité industrielle et commerciale?

§ 8. — Développement de l'agriculture.

Le développement du grand plateau central, au point de vue agricole lui-même, ne serait pas plus contestable qu'au point de vue industriel. Des lignes traversant des pays bien plus déserts et plus pauvres ont été exécutées et sont devenues fréquentées et productives. On peut citer à l'appui les sections de Bordeaux à Bayonne, d'Orléans à Vierzon, d'Arles à Marseille. Il y avait alors, aux deux extrémités de ces lignes, un trafic tout prêt; et elles se sont alimentées cependant moins des productions des pays parcourus que des provenances d'une station extrême et au delà, allant au delà de l'autre extrémité. Plus tard, les territoires traversés trouvant, dans la voie de fer, des ressources d'autant plus précieuses qu'elles n'avaient pas été créées uniquement pour eux, ont profité de leur situation privilégiée, et ont vu leur sol amélioré de proche en proche à partir des stations. C'est ainsi que la Sologne, les Landes, la Crau et la Camargue doivent aux rails leur remarquable accroissement de richesse.

C'est ainsi encore que le chemin de Lyon-Sathonay à Bourg vient d'être décidé et concédé comme moyen d'assainissement de la Dombes.

On aurait tort, d'ailleurs, de croire que les pays traversés soient de ceux où l'agriculture rencontre des obstacles d'une nature spéciale et difficile à surmonter. Bien au contraire, ils sont de ceux où la terre peut acquérir la meilleure et la plus prompte plus-value. Dans son numéro du 10 avril 1863, le *Moniteur*, voulant donner d'après le rapport de M. le directeur général des eaux et forêts, une idée de la plus-value amenée par le reboisement des montagnes, prend précisément pour exemple une localité voisine de la ligne projetée de Montluçon à la Capelle et s'exprime en ces termes : « La commune de « Bourg-Lastic (Puy-de-Dôme) possédait un terrain de « 64 hectares garni de bruyère, dont elle ne trouvait pas à se « défaire en 1844 au prix de 7,000 francs. A cette époque « un semis de pins sylvestres fut entrepris aux frais de la « commune..... La dépense a été peu élevée. Aujourd'hui, ce « terrain est estimé plus de 70,000 francs. »

Il semble résulter de là que nulle part ailleurs en France l'agriculture ne peut être fécondée avec de plus beaux résultats que dans les pays à desservir par la ligne projetée.

CHAPITRE IV.

TRAFIC EN TRANSIT ACQUIS A LA LIGNE NOUVELLE DÈS SA CRÉATION.

§ 9. — D'abord par ses amorces.

Quoi qu'il puisse être du développement de la ligne de Montluçon à Aurillac dans un avenir plus ou moins proche, sa création rencontrerait peut-être encore de sérieux obstacles financiers, si, réduite à ses seules ressources, un trafic immédiat ne devait lui être assuré.

Ce trafic immédiat lui sera acquis d'ailleurs, et d'abord, par ses amorces. Ce sont, d'une part, les sections de Montluçon à Moulins, Bourges, Vierzon et leurs aboutissants, et, d'autre part, la ligne d'Aurillac à Toulouse avec ses embranchements sur Alby, Carmaux, Montauban, Decazeville et Rodez; et les prolongements de ces lignes sur les Pyrénées, Nîmes, Montpellier et Graissessac, c'est-à-dire sur Perpignan, Port-Vendres et la frontière d'Espagne.

Il n'est pas besoin de grands développements pour apprécier l'importance de la mise en rapports directs de pays industriels comme ceux compris entre Montluçon, Commentry, Moulins, Nevers, Bourges et Vierzon, avec des villes comme celles que nous avons nommées dans le midi de la France et les richesses minérales des Pyrénées. Il y aura là un trafic considérable dès la première année, et il suffit de jeter les yeux sur la carte pour apprécier la zone desservie par les extrémités de la jonction projetée (1).

_____

(1) Dans cette zone, on ne trouve pas moins de sept embranchements s'arrêtant brusquement au pied des montagnes, et dont la création n'a été déterminée que par l'importance de leurs ressources propres. Ce sont, en allant de l'Ouest à l'Est, ceux de Pierrefitte, Bagnères-de-Bigorre, Bagnères-de-Luchon, Saint-Girons, Foix, Quillan et Prades.

4

Quant aux relations au delà de Rodez avec le territoire français et espagnol, elles s'établiront certainement dans un délai très-prochain. Plusieurs lignes ont été étudiées entre Rodez et le littoral; elles sont en grande partie concédées aujourd'hui, et l'ardeur avec laquelle elles ont été disputées en 1862 par les Compagnies de Lyon et du Midi donne toutes raisons de croire que leur exécution ne se fera pas attendre longtemps. Considérons seulement celle de Rodez vers Lodève et Montpellier avec embranchement sur les mines de Graissessac. Une fois établie, elle ouvrira une communication nouvelle et précieuse vers la Méditerranée, Port-Vendres et les provinces espagnoles dont Barcelone est la ville principale. De Graissessac à Barcelone, Saragosse et Madrid, tous les chemins de fer sont en exploitation ou en construction.

Port-Vendres est le port le plus sûr de nos côtes de la Méditerranée, et le plus voisin de l'Algérie. On le croit généralement appelé à un grand avenir après l'achèvement du chemin de fer.

Il n'est pas inutile d'insister sur l'importance de Barcelone. Elle est, à proprement parler, la capitale industrielle de l'Espagne. La population de Madrid est un peu supérieure à la sienne, mais ses environs rachètent et au delà cette inégalité. Au point de vue des voyageurs et des marchandises, il n'est aucun doute que Barcelone ne soit, pour un chemin de fer, plus productive encore que Madrid. Enfin cette nation de près de vingt millions d'âmes n'a par la chaîne des Pyrénées que peu de passages praticables sur la France et le continent; celui de Bayonne et Irun et celui de Port-Vendres et Girone sont les deux principaux. Le premier donne accès à l'ouest de l'Espagne et franchit le col à une grande altitude; les locomotives trouveront sur cette route les obstacles réunis des fortes pentes, des nombreux ouvrages d'art, des courbes raides et de la rigueur du climat. Aussi le passage par le col de Vénasque, moins pratiqué jusqu'à présent, pourra-t-il probablement lui disputer un jour une partie du trafic de Madrid en l'attirant dans la gare de Toulouse. Quant au second, il conduit aux provinces de l'Est, qui sont incontestablement les plus peuplées et les plus commerçantes. Si la route de terre est restée jusqu'ici moins fréquentée de ce côté, cela tient à ce qu'avant l'achèvement des chemins de fer, les communications se font encore plus facilement par mer; le mouvement des ports de Barcelone, d'Alicante, etc., en est la meilleure preuve. Une fois achevé, le chemin de fer se maintiendra dans d'excellentes conditions d'exploitation; ne rencontrant nulle part les neiges, ni les fortes pentes accumulées, puisqu'il contournera les Pyrénées maritimes sans les surmonter. Il ne peut manquer de recevoir un important trafic, car il est aujourd'hui démontré par les faits que les lignes les moins productives ne sont pas celles construites parallèlement aux plus anciennes communications par eau. Dans cette direction encore le chemin de Montluçon recueillerait un trafic important.

Sa zone d'attraction s'étendra même jusqu'à l'Alsace, pour les destinations d'Aurillac, Rodez, Alby, Toulouse, Montauban et au delà; par la ligne de Moulins à Chagny, en exploitation entre ce dernier point et Montceau-les-Mines, et dont le surplus ne saurait tarder à être entrepris par la Compagnie de Lyon, qui en est concessionnaire.

La route sera en effet plus courte de Moulins à la Capelle-Viescamp par Montluçon que par Clermont. Voici les longueurs en kilomètres :

de Moulins à Montluçon....	81	de Moulins à Massiac......	190
de Montluçon à la Capelle ..	191	de Massiac à la Capelle.....	101
	272		291

De même il y aura moins à parcourir entre Dijon, Chagny et Toulouse par Montluçon que par Lyon et Montpellier :

de Chagny à Moulins......	144	de Chagny à Lyon-Perrache.	148
de Moulins à la Capelle.....	272	de Lyon à Cette...........	356
de la Capelle à Toulouse....	206	de Cette à Toulouse	249
	622		720

Nous n'essaierons point de fixer les idées par des chiffres, et d'évaluer d'avance l'importance du transit attiré sur la section de Montluçon à la Capelle ; cette tâche serait encore plus risquée que l'étude de la circulation entre Paris et Toulouse.

§ 10. Puis comme la ligne la plus courte entre Paris, Toulouse, le midi de la France, Barcelone et l'Espagne orientale.

Il nous reste à examiner le troisième point de vue auquel se recommande la nouvelle ligne de Paris à Toulouse : celui de l'abréviation de parcours entre les points extrêmes.

Nous établirons successivement, dans ce qui va suivre, que la section de Montluçon à la Capelle procurera des raccourcis plus ou moins importants, aux chefs-lieux de neuf départements, à Barcelone et à l'Est de l'Espagne, dans leurs relations avec Paris, et par conséquent tout le Nord, Londres, etc.

Mais auparavant nous avons à examiner une question en quelque sorte préjudicielle.

§ 11. Pourquoi le transit doit revenir à la ligne la plus courte.

Il n'existe point jusqu'à présent, à notre connaissance du moins, de règlement obligeant les Compagnies de chemin de fer à faire passer les voyageurs et les marchandises par la ligne la plus courte ; de telle sorte que le chemin de Montluçon à la Capelle ayant pour tenant et aboutissant les gares de la Compagnie d'Orléans, on peut se demander si cette puissante aglomération de capitaux ne disposerait pas à son gré, pour le faire passer sur son réseau, de tout le trafic en transit dont la possession assurera précisément l'exécution de ce chemin.

En l'absence de tout règlement en cette matière, et il faut reconnaître que jusqu'à présent la parfaite entente de tous les intérêts engagés ne l'a pas rendu nécessaire, il a été admis entre les diverses Compagnies que le trafic appartenait à la ligne la plus courte, quels que fussent d'ailleurs les droits acquis.

C'est ainsi que la ligne de Soissons a enlevé le trafic de Reims et au delà sur Paris, à la Compagnie de l'Est, pour une abréviation de parcours de 12 kilomètres seulement, et l'a apporté aux Compagnies des Ardennes et du Nord. C'eût été pourtant une belle occasion d'imiter les luttes de tarif des Compagnies anglaises, en vue surtout de la fusion de l'Est avec les Ardennes dont les recettes brutes devaient être considérablement majorées, car, en fin de compte, chaque million abandonné par la Compagnie de l'Est devait lui coûter 1,360,000 francs au rachat. La cession du trafic s'est opérée cependant sans contestation. — L'ouverture de la section de Paris à Nevers par Montargis a ramené aussi sur le nouveau réseau de Lyon un trafic annuel de plus de cinq millions de francs qui passait auparavant à Bourges et à Orléans, bien que l'allongement de parcours pour les provenances de Saint-Etienne, Saint-Chamond, etc., eût été presque insignifiant, si la Compagnie de Lyon les avait maintenues sur ses rails en les faisant passer par la Bourgogne (1). — De même les rela-

(1) Les expéditions de Grand-Croix parcouraient ainsi 546 kilomètres, dont 289 sur les rails d'Orléans, au lieu de 553 entièrement sur les rails de Lyon. Pour Saint-Etienne, les chiffres étaient de 529 contre 570.

tions de Gray, desservies d'abord par Auxonne et Dijon, ont été cédées à la Compagnie de l'Est, qui les fait passer par Langres avec une légère abréviation de parcours.

D'après ce même ordre d'idées, la Compagnie d'Orléans s'est chargée du raccourci peu productif en soi par Châteaudun et Vendôme, pour éviter de voir une seconde ligne entre Paris et Tours passer aux mains d'une Compagnie rivale, et lui enlever un transit considérable.

En agissant ainsi, les Compagnies se sont inspirées de leur intérêt bien entendu. Autrement, l'établissement de nouvelles lignes vis-à-vis de la concurrence redoutable des six grands réseaux qui desservent les localités les plus importantes eût été financièrement impossible par l'industrie privée. Le chemin des Charentes, par exemple, qui réunira Rochefort à Angoulême et à Coutras, puis Napoléon-Vendée à La Rochelle, et enfin Angoulême à Limoges, serait un non-sens dans les mains qui l'ont entrepris, si la Compagnie d'Orléans, dont les rails réunissent déjà toutes ces villes, devait, par des abaissements exagérés des tarifs, ou par un jeu de tarifs différentiels habilement combinés, susciter à cette nouvelle entreprise une concurrence qu'elle serait hors d'état de soutenir. L'État, dont la sollicitude veille à ce que chaque point du territoire soit mis en valeur à son tour, ne pourrait voir d'un œil indifférent l'extension du réseau frustré du concours de l'initiative privée, et dépendre dorénavant et en totalité des crédits à y consacrer.

Les chemins de fer, en effet, ne sont point encore arrivés en France à un état de diffusion tel que le Gouvernement ne puisse trouver un concours financier important dans la formation de Compagnies pour l'exploitation des nouvelles lignes, jonctions ou embranchements, à la charge par elles d'exécuter une partie des travaux, la construction des gares, la fourniture du matériel, la pose des voies, le ballastage, et souvent même une portion de ceux que la loi de 1842 attribue à l'État. Une fois construites, les nouvelles lignes auxquelles il a prêté un concours quelquefois très-minime l'indemnisent largement par l'accroissement de la richesse territoriale, par l'impôt foncier, l'impôt sur les titres, sur la grande vitesse, les transports de la poste, des militaires, etc., etc. (1). Ils sont, en outre, tellement appréciés maintenant par les populations, que les demandes de nouvelles lignes se multiplient, pour ainsi dire, en raison du degré d'avancement du réseau.

Il serait impossible qu'en face de pareilles circonstances un règlement ne fût pas fait par l'administration, si le bon sens des Compagnies cessait de le rendre inutile.

Si donc la ligne de Toulouse par Bourges et Montluçon est plus courte que celle résultant de la jonction de Limoges à Brives, on peut avoir la certitude, quel qu'en soit le concessionnaire, que le trafic en transit lui sera fidèlement réservé.

§ 12. — Importance des raccourcis. — Comparaison des tracés.

D'après l'itinéraire exposé plus haut, la section de Montluçon à la Capelle-Viescamp aurait environ 191 kilomètres de longueur, et si nous supposons exécutée la jonction la plus courte de Limoges à Brives par Lafarge et Saint-Yrieix, la

(1) Dès 1825, on prouvait par des chiffres que l'État avait intérêt à construire gratuitement des canaux, parce que la richesse que ces voies économiques répandaient sur le pays l'indemnisait largement de ses avances. Si ce raisonnement est vrai pour les canaux, et tout depuis en a confirmé la justesse, à plus forte raison l'est-il pour les chemins de fer.

comparaison s'établit ainsi entre Paris et Figeac, point de soudure des deux branches :

de Paris à Montluçon......	326	de Paris à Lafarge.........	528
de Montluçon à la Capelle...	191	de Lafarge à Brives........	82
de la Capelle à Figeac......	48	de Brives à Figeac.........	90
	565		600

L'avantage du tracé proposé est ainsi de 35 kilomètres pour Toulouse et en même temps pour Montauban, Alby, Carcassonne, Foix, Rodez et le bassin d'Aubin et Decazeville.

Une abréviation très-remarquable serait donnée à Aurillac vers Paris, sur la ligne en exécution par Clermont et le Lioran ; voici les chiffres :

de Paris à la Capelle.....	517	de Paris à Massiac........	503
de la Capelle à Aurillac....	19	de Massiac à Aurillac......	82
	536		585

Différence, 49 kilomètres.

Il y aurait, en outre, au point de vue du profil en long, une amélioration considérable ; la plus grande altitude étant, au faîte, de 765 mètres contre 1,140 mètres, point de partage au tunnel du Lioran. Les inclinaisons peuvent être maintenues au-dessous de 12 millimètres de Montluçon à Eygurande, c'est-à-dire aux abords du point culminant, sur un versant et sur l'autre, tandis qu'elles doivent atteindre 30 millimètres au-dessus d'Aurillac en allant vers Clermont. On comprend toute l'importance de ces conditions d'exploitation, en songeant que les plus fortes rampes se trouveront encore aggravées par les difficultés des neiges plus intenses et plus durables.

Par la ligne à construire de Rodez à Graissessac et Montpellier, les distances seraient les suivantes entre Paris et Béziers, point de rencontre des deux directions de Paris à Perpignan , Barcelone et l'Espagne, par les réseaux d'Orléans et de Lyon :

de Paris à Figeac	565	de Paris à Lyon-Perrache	512
de Figeac à Rodez	71	de Lyon à Cette	356
de Rodez à la ligne de Graissessac par Saint-Affrique	150	de Cette à Béziers	45
de ce point à Béziers	45		
	831		**913**

Différence en faveur de la nouvelle route, 82 kilomètres. Il est bon de remarquer que la jonction concédée de Rodez à Graissessac fait un détour notable en passant par Milhau. Le tracé direct de Rodez à Saint-Affrique n'étant point arrêté d'une manière définitive, il serait possible que le raccourcissement fût, en effet, plus considérable encore.

Bien que la jonction de Brioude à Alais doive s'exécuter dans de mauvaises conditions d'exploitation , puisque le faîte du versant de l'Océan à celui de la Méditerranée sera franchi à une hauteur de 1,024 mètres au-dessus de la mer, où les neiges seront un sérieux embarras; que les pentes atteindront 0^m 020, 0^m025 , et probablement 0^m030 comme sur la ligne du Lioran ; et qu'à travers des courbes de 250 à 200 mètres de rayon, elle subira plus de quatre-vingts tunnels ayant ensemble plus de trente mille mètres de long ; il est juste de la faire entrer aussi dans la comparaison. En admettant le tracé le plus court par Langogne, Villefort et la Grand-Combe, adopté par l'Administration, elle s'établit ainsi :

Paris à Béziers , par Bourges, Montluçon , Figeac et Rodez , comme ci-dessus	831	Paris à Brioude	491
		Brioude à Alais	183
		Alais à Béziers	172
			846

L'abréviation serait ainsi de 15 kilomètres environ, et les études définitives la détermineront plus exactement. L'écart de ces chiffres a d'ailleurs grande chance d'être augmenté, comme nous le verrons plus loin; et fût-il réduit à quelques mètres, les conditions techniques du chemin de Brioude à Alais le mettraient hors d'état d'entrer en concurrence avec une ligne construite dans des conditions ordinaires. Cette opinion est celle des concessionnaires eux-mêmes (1).

Avec tant d'éléments de succès, l'idée de mener une ligne de Montluçon à la Capelle peut paraître bien tardive. Mais il ne faut pas oublier que cette section emprunte une de ses raisons d'être à la construction de celle de Montluçon à Bourges, achevée en décembre 1861, et à la décision plus récente qui a reporté à Figeac le point de soudure de la ligne du Lioran à celle de Brives au Lot.

§ 13. — Trafic des bassins houillers.

La grande ligne directe de Paris à Toulouse et Perpignan ainsi constituée, il nous reste à faire un rapprochement intéressant et qui nous paraît utile à signaler pour clore ce que nous avions à dire sur son trafic.

On a souvent proclamé que si l'avancement intellectuel d'un pays se chiffrait par l'importance de la consommation du papier, sa prospérité matérielle avait pour expression nu-

---

(1) Dans le mémoire annexé à l'avant-projet soumis, en 1861, aux formalités prescrites par la loi de 1841, par la Compagnie de Lyon, il est dit pages 4 et 5 :
« Le trafic de la ligne de Brioude à Alais...... sera réduit au trafic local..... La « longueur du parcours entre Paris et Marseille aura par cette ligne 15 kilomètres « de moins que par la Bourgogne, mais ce léger avantage ne suffira pas pour « attirer le trafic général sur une ligne placée sous tous les autres rapports dans « des conditions d'exploitation très défavorables..... La ligne de Brioude à Alais « ne recevra donc que le trafic local de Clermont à Marseille et vers le littoral..... »

mérique la quantité de houille qu'il consommait. En France et dans l'industrie des chemins de fer, nous trouvons les plus fortes recettes kilométriques dans les réseaux du Nord et de Lyon, où se consomment évidemment les plus grandes quantités de combustible. Or, voici quels seront les bassins houillers compris dans la zone d'attraction de chacune des lignes de Paris à Marseillle et à Cette, et de Paris à Toulouse et à Perpignan, une fois que celle-ci sera complétée par les jonctions de Montluçon à la Capelle et de Rodez à Montpellier.

Nous les citons dans leur ordre géographique en allant du Nord au Sud.

TOULOUSE.	MARSEILLE.
Decize.	Épinac.
Fins et Noyant.	Le Creusot, Blanzy, Montchanin.
Le Montet et les Gabeliers.	Bert et la Chapelle.
Bezenet, Montvicq, Doyet.	Roanne.
Les Ferrières et les Bioles.	Sainte-Foy-l'Argentière.
Commentry.	Saint-Étienne et Rive-de-Gier.
Saint-Éloi et la Vernade.	Brassac et Langeac.
Ahun et Bourganeuf.	Aubenas.
La Sioule et Herment (peu explorés)	La Grand-Combe et Bességes.
Messeix.	
Singles.	
Meimac.	
Champagnac.	
Argentat.	
Julliac, Donzenac et Brives.	
Aubin, Decazeville et St-Perdoux.	
Rodez.	
Saint-Santin et Latapie.	
Carmaux.	
Graissessac et Saint-Gervais.	
Roujan.	

Ainsi l'avantage de l'étendue et de la richesse des bassins desservis par la ligne de Marseille, dont le développement est d'ancienne date à cause du voisinage des voies navigables, sera en partie compensé par le nombre considérable des bassins avoisinant la nouvelle ligne, et leur exploitation facile tout d'abord, puisqu'ils sont encore à peine entamés pour la plupart. Quelques-uns sont, du reste, en excellente situation; et notamment ceux de Commentry, de Champagnac, d'Aubin, de Carmaux et de Graissessac ont un avenir magnifique et des plus certains.

CHAPITRE V.

§ 14. — Conditions techniques d'exécution entre Montluçon et la Capelle-Viescamp.

Examinons maintenant les conditions techniques que peut réaliser l'établissement de ces 191 nouveaux kilomètres.

Les rails dans la gare actuelle de Montluçon sont à la cote 208^{m}77; ils s'élèveront sur la rive gauche du Cher par une rampe d'environ 5 millimètres, qui est un peu supérieure à l'inclinaison de la vallée, jusqu'auprès de Saint-Genest: ils pourront ainsi longer les escarpements voisins des ruines du château de la Mouche, en évitant les difficultés que rencontrerait un tracé à mi-côteau. À partir de ce point, ils monteront, à raison de 12 millimètres, le long des rives du Cher, jusque vers son confluent avec le Tardes, en aval de Chambon, et le traverseront sur un viaduc élevé.

Au delà, ils s'établiront sur la ligne de faîte qui sépare ces deux rivières, et en passant près d'Évaux, de Fontanières et

de Reterre, viendront couper, au-dessus de Bussière-Nou-
velle, la route d'Aubusson à Auzances. En suivant toujours
les faîtes, ils iront, après avoir touché Sermur, Lioux-les-
Monges et le Sébiau, croiser, près de la Mazière, la route de
Clermont à Limoges par Aubusson, et celle de Felletin, au-
dessus de Basville et de Crocq, qu'ils laisseront en contrebas
à l'Ouest. Dans toute cette partie, les rampes varient de l'ho-
rizontale à 12 millimètres par mètre.

A partir de la route de Clermont à Limoges, les inclinaisons sont plus faibles; les rails atteignent le point culminant
du tracé à la cote 765^m près de Laudeux-Piatoux; et celle du
faîte en ce point étant de 780^m seulement, le passage peut se
faire sans tunnel, au moyen d'une tranchée longue de quelques
centaines de mètres; ils quittent alors le versant de la Loire
et de ses affluents pour passer sur celui de la Dordogne, dans
la vallée du Chavanon qui en est tributaire. La distance de la
gare de Montluçon étant d'environ 64 kilomètres, la hauteur
à racheter de 556 mètres correspond à une rampe moyenne
de 0^{m}00868. L'ascension paraît pouvoir se faire sans contre-
pente, et le terrain semble généralement facile.

La voie redescend alors par Fernoel en suivant la rive
gauche de l'étang de la Ramade, formé par les eaux du Chavanon. En se dirigeant ensuite presque en droite ligne sur Feyt,
elle traverse cette rivière, passe au-dessous de Saint-Merd-la-
Breuille, coupe la Miousette et le ruisseau de Feyt avec pentes
et contre-pentes inférieures à 7 millimètres et demi. La
cote est alors comprise entre 750^m et 755^m; et une pente
de 12 millimètres donne accès à la gare d'Eygurande, telle
qu'elle est projetée par MM. les ingénieurs de l'État à la
cote 712^{m}920. La distance de ce point à la gare de Montluçon
est de 85 kilomètres; elle est, depuis le faîte à Laudeux-Piatoux,

de 21 kilomètres; et sauf le viaduc sur le Cher, l'assiette de la voie ne rencontrera aucun ouvrage d'art important. Ce viaduc lui-même, de 160 mètres de longueur maxima, dans une gorge encaissée, et de 60 mètres de plus grande élévation, rentre dans les données acceptées aujourd'hui sans hésitation pour les viaducs à piles et tablier métalliques.

C'est à la gare d'Eygurande que la ligne qui fait l'objet de notre étude vient se souder à toutes celles qui ont été projetées par l'Administration des ponts et chaussées pour desservir les territoires du plateau central. Les wagons y trouveront donc tôt ou tard des aiguilles pour les diriger sur Clermont, par Bourg-Lastic et Pontgibaud; et sur Tulle, en longeant la route impériale de Lyon à Bordeaux.

Quant à la ligne étudiée par la vallée de la Dordogne, c'est son parcours même que nous suivons, à partir de ce point. Elle descend, à raison de 15 millimètres environ par mètre, jusqu'aux bords du Chavanon en passant au-dessous des calcaires de Savennes et des mines de Messeix; à raison de 10 millimètres, jusqu'au delà du confluent de cette rivière avec la Dordogne, où seront desservies la commune de Singles et ses houillères; et enfin, avec une pente de 7 millimètres jusqu'à Port-Dieu.

Cette section, d'Eygurande à Port-Dieu, est sur environ 17 kilomètres d'un parcours assez accidenté.

Une variante a été étudiée pour descendre de Laudeux-Piatoux en suivant le Chavanon jusqu'à son confluent. Les pentes n'auraient pas dépassé 6 à 7 millimètres au lieu de 15, mais la longueur eût été plus considérable, la construction plus coûteuse et le raccordement plus difficile avec le chemin projeté de Clermont à Tulle.

En aval de Port-Dieu, le chemin de fer s'établit dans de

bonnes conditions. Les pentes sont sensiblement celles de la Dordogne, jusqu'à Bort et à Saint-Thomas, où les rails traversent la Dordogne, à une cote voisine de 430ᵐ, près de sa jonction avec la Rhue. A ce point, la ligne d'Aurillac se détache de la ligne étudiée par les soins de l'Administration, et, forcée de se tenir à un niveau plus élevé pour gravir sans de trop fortes rampes les vallées des environs de Mauriac, elle peut heureusement pénétrer plus près des houillères de Madic et Champagnac, et leur offrir des débouchés plus faciles et plus économiques.

Les rails se relèvent ainsi à raison de 11 millimètres environ par mètre, contournent le lac de Madic et traversent le cap de Fanostre par un tunnel d'environ 500 mètres à la cote 475ᵐ, et à 45 mètres au maximum en-dessous du sol. Ils redescendent ensuite, dominent un col coté 440ᵐ et jettent à la cote 463ᵐ les embranchements miniers admis par les projets de l'État. Un profil peu tourmenté les amène, en longeant la route impériale de Clermont à Aurillac et après avoir traversé Bassignac et un tunnel d'environ 500 mètres à Parensol, au-dessus de la Sumène, en face de Vendes, à la cote 440ᵐ et à 133ᵏ5 de l'origine du tracé. Là, se trouvera le viaduc le plus important de la ligne; il paraît comporter 200 mètres de longueur et 80 mètres de plus grande élévation. Ces dimensions n'ont du reste rien d'inusité, puisque le Creusot a exécuté en Suisse, sur la Sarine, un viaduc de cette hauteur et de près de 350 mètres de long, dont le modèle figurait à l'exposition universelle de Londres en 1862.

A partir de Vendes, la voie s'élève à raison de 15 millimètres par mètre dans le ravin et dans le col voisin de Pradel, où la route de Mauriac parcourt les lacets de son nouveau tracé; elle côtoie et traverse tous les affluents du ruisseau de Jaleyrac et gagne le vallon du Mars, après avoir percé le contre-fort qui les sépare, près d'Estillols. Elle le remonte jusqu'à Marsac, où commence le seul tunnel important de la ligne, d'une longueur d'environ 2,400 mètres; la plus grande altitude du terrain traversé est de 770^m, et les rails débouchent au Bouix à la cote 640^m. La rampe de 15 millimètres en ce point se change en contre-pente, les rails traversent le village de Salins, puis à la cote 615^m, la rivière d'Auze dans des conditions ordinaires, remontent, en s'infléchissant sur la gauche, un affluent de cette rivière, et arrivent près de Drugeac par un souterrain de 550 mètres. Ils traversent le ruisseau près du pont de la route impériale, passent au sud de Drignac et s'engagent dans un tunnel de 650 mètres sous le col de Néboulières et la route d'Ally à Salers. Ils en sortent à la cote 680^m et redescendent immédiatement dans la vallée de l'Incamp, à raison de 15 millimètres par mètre. Cette pente les amène au hameau du Verdier, en face de Pléaux et de Barriac. Ils tournent au sud, et traversant deux souterrains de 600 et 500 mètres, ils descendent avec le ruisseau de Murat, et viennent couper la Maronne au-dessus d'Espont, et la Bertrande au-dessus du pont de Raufet, sur deux viaducs de 45 et 40 mètres de hauteur. La pente finit 6 ou 700 mètres plus loin, à la cote 450^m, et avec elle finissent toutes les difficultés du tracé.

Les rails suivent alors la vallée en dessous de Parieu, et, au moyen de rampes ne dépassant pas 12 millimètres, arrivent à Lintillac et coupent la route d'Uzerche à Aurillac, près de l'Hôpital. Ils redescendent ensuite vers le Dautre, et après avoir traversé cette rivière, rejoignent les rails de la Compagnie d'Orléans près de la Capelle-Viescamp. Si la jonction se fait au-dessus du village de la Capelle, le viaduc sur le Dautre devient un ouvrage important; sa hauteur maxima est alors de 65 à 70 mètres, pour aboutir près de la cote 550^m de la ligne d'Aurillac à Figeac. La jonction paraît meilleure à la cote 525^m, près du viaduc de cette ligne, sur la Cère; la hauteur de celui du Dautre ne dépasse plus alors 30 mètres; mais la section à construire est allongée de 1,500 mètres environ parallèlement au tracé de la Compagnie d'Orléans, remontant de 10 millimètres, tandis que celui-ci descend de 16.

Dans tout cet écrit, nous avons pris pour longueur de la ligne celle de la gare de Montluçon au point de raccordement, près du viaduc sur la Cère, à 19 kilomètres d'Aurillac.

Comme on le voit, sauf la descente d'Eygurande à Port-Dieu, le seul passage difficile commence au viaduc de Vendes, sur la Sumène, et aboutit au pont de Raufet, après un parcours de 35 kilomètres environ. L'importance des ouvrages d'art est elle-même subordonnée à celle que prendra la circulation, de telle sorte que si le trafic ne devait pas être aussi important que nous le pensons, on pourrait, en diminuant les rayons des courbes, en augmentant les inclinaisons, en allongeant le parcours, réduire considérablement le prix d'établissement de la voie. Nous ne croyons pas ces économies bonnes à réaliser dans le cas présent, et nous avons admis des conditions d'exécution ordinaires, telles que doit les comporter une artère aussi importante que celle de Paris à Toulouse.

L'étude que nous avons pu faire d'après les documents des cartes de l'état-major au Dépôt de la guerre n'équivaut pas à un avant-projet; aussi ne pouvons-nous articuler aucun chiffre concernant la dépense de construction, et, par conséquent, les conditions financières dans lesquelles devront s'exercer le concours de l'État et celui des particuliers. Mais elle nous permet de voir dans quelles conditions de direction en plan et de profil général les rails peuvent traverser ces régions montagneuses; et sous ce rapport, nous pouvons déclarer qu'elle donne des résultats inespérés. Les inclinaisons de 15 millimètres, admises comme limite supérieure dans cette étude, sont admises déjà sur les lignes de Limoges à Toulouse et à Rodez, et la section de Brives à Figeac contient même une pente de 16 millimètres.

Au point de vue de l'exploitation, la branche de Vierzon à Figeac, par Montluçon, ne se présente point, par rapport à celle passant par Brives, dans les conditions inférieures que laisserait supposer l'altitude plus considérable à laquelle elle touche. Le point capital pour l'économie de l'exploitation est la somme des rampes ou des pentes que les trains ont à franchir. Or, en admettant que sur la ligne directe de Limoges à Brives, malgré sa direction constamment perpendiculaire aux cours d'eau et la plus grande élévation des plateaux, la somme des rampes soit la même que sur la ligne qui contourne Périgueux, nous pouvons établir la comparaison suivante :

	Hauteur du point culminant.	Somme des rampes.
Branche de Montluçon.	765 mètres.	1281 mètres.
Branche de Brives.	428 —	992 —
Différence.	337 mètres.	289 mètres.

Ainsi, pour une altitude supérieure de 337 mètres, les locomotives n'auront à franchir que 289 mètres de plus, encore la différence serait-elle réduite à 199 si les contre-pentes du plateau d'Eygurande et celle du bassin houiller de Champagnac n'entraient ensemble pour 90 mètres dans le chiffre de 1,281 ci-dessus.

Ce résultat, qui peut surprendre au premier abord, s'explique très-simplement à l'inspection d'une carte hydrographique. De Vierzon à Figeac, les deux branches que nous comparons touchent aux vallées suivantes; nous négligeons les affluents secondaires :

BRANCHE DE MONTLUÇON.	BRANCHE DE BRIVES.
Le Cher,	Le Cher,
Le Chavanon et la Dordogne,	L'Indre,
	La Creuse,
La Maronne,	La Gartempe,
La Cère,	La Vienne,
Le Cellé.	L'Isle ou la Vezère,
	La Vezère ou la Corrèze,
	La Dordogne,
	Le Celé.

Pour passer de la vallée du Cher à celle du Celé, l'une coupe trois vallées, l'autre sept.

Aussi, à partir de Vierzon, les longueurs sur lesquelles on ne rencontre que des inclinaisons inférieures à 10 millimètres sont-elles respectivement :

de Vierzon à Saint-Genest. 133^k | de Vierzon à Argenton.... 94^k,

et par conséquent les longueurs où se trouveront des rampes supérieures seront :

de Saint-Genest à Figeac.. 232^k | d'Argenton à Figeac.... 306^k.

Il est superflu d'insister sur l'avantage de l'accumulation des rampes sur une section de faible longueur, au point de vue de l'économie de la traction et de la rapidité des trains.

On a beaucoup discuté, dans ces derniers temps, sur les obstacles que les tunnels peuvent apporter à une circulation active. Le grand nombre de vallées coupées par la ligne de Brives donne déjà à penser que la longueur de ses souterrains sera la plus considérable. Comme le tracé de Limoges à Brives est encore incertain à partir de la Briance, nous avons additionné la longueur des souterrains de la section de Brives au Lot et de celle de la Briance vers Lothier au-dessus d'Argenton, ensemble 220 kilomètres pris au nord et au sud dans des conditions topographiques analogues, et nous en avons déduit une moyenne appliquée à la longueur restant à construire (1). — D'autre part, le tracé de Figeac à Aurillac est encore incertain entre Figeac et le col de l'Estancade ; mais il doit remonter le vallon de Maurs et probablement ne comportera pas d'autre tunnel que celui du col.

La comparaison s'établit alors ainsi :

BRANCHE DE MONTLUÇON.		BRANCHE DE BRIVES.	
De Vierzon à Eygurande...	»	De Vierzon à Lothier...	»
D'Eygurande à Bort......	2564	De Lothier à la Briance.	3960,70
De Bort à la Capelle	6700	De la Briance à Brives	3712,30
De la Capelle à Figeac......	100	De Brives à Figeac ...	3874, »
Totaux.....	9364		11547, »

Différence en faveur du tracé proposé, 2,183 mètres.

---

(1) Longueur des tunnels de Brives au Lot......... 6,002 m. pour 96 kil.
id.   de la Briance à Lothier... 3,961   pour 124

Longueur totale.... 9,963   pour 220

La longueur de Lafarge à Brives étant de 82ᵏ, on trouve $\dfrac{9,963 \times 82}{220} = 3,712\ 30$,

Si enfin on ne voulait comparer que les longs tunnels, on trouverait que le tunnel de Marsac de 2,450 mètres équilibre sensiblement celui de Montplaisir près Brives de 2,375 mètres ; et que la ligne de Montluçon ne contient aucun autre tunnel de 700 mètres et au-dessus, tandis que, dans l'autre direction, on trouve ceux de Limoges de 1,040, des Roches, près Argenton, de 1,019, et trois autres de plus de 700, sans parler de ceux de la future jonction de Limoges à Brives.

Une dernière remarque terminera cette comparaison. Lors de la rédaction des projets de la ligne de Brives à Figeac, les ingénieurs se préoccupaient seulement du trafic d'Aubin à Bordeaux, ou de l'est à l'ouest ; l'idée d'utiliser cette section pour le parcours de Paris à Toulouse n'est venue que plus tard, et avec elle, la concession des raccourcis de Lexos et de Lafarge. Aussi les tunnels entre Brives et Figeac sont-ils exécutés pour *une voie seulement*. La nécessité d'élargir ces ouvrages en cours d'exploitation, et les difficultés que présenterait cette opération dont l'expérience est déjà faite sur la ligne de Saint-Étienne, sera, croyons-nous, un des puissants arguments en faveur de l'adoption du tracé de Montluçon à la Capelle.

En résumé, en aucun point la ligne projetée ne rencontrerait de difficulté supérieure à celles de chemins déjà construits, et elle serait, aux passages les plus difficiles, dans de bien meilleures conditions que les voies qui pourraient lui faire concurrence.

CHAPITRE VI.

AMÉLIORATION FINANCIÈRE DES TRANSVERSALES FERRÉES PROJETÉES ENTRE CLERMONT ET BORDEAUX.

§ 15. Clermont à Tulle. — Paris à Tulle.

La construction de la ligne de Montluçon à Aurillac aurait cet avantage éminent de faciliter beaucoup l'exécution des diverses lignes projetées déjà dans son voisinage.

Celle de Clermont à Tulle serait, entre autres, tellement améliorée qu'elle pourrait probablement s'entreprendre immédiatement. Son parcours se compose de deux sections, dont l'une, principalement développée dans le département du Puy-de-Dôme, lui est commune avec tous les tracés rivaux de Clermont à la vallée de la Dordogne, et n'est mise en discussion par personne. La ligne du Lioran, en effet, dirigée sur Figeac, fait partie du chemin de Clermont à Toulouse; on comprend généralement maintenant que d'autres rails, passant à une altitude moindre de 200 mètres, sont nécessaires pour les communications directes de Clermont avec Bordeaux et, au moyen d'un raccordement facile à exécuter dont nous parlerons plus loin, avec Aubusson, Limoges et La Rochelle.

La seconde section, comprise tout entière dans le département de la Corrèze, touche Eygurande, Ussel, Eggletons, et fait l'objet de toutes les contestations des riverains de la Dordogne, qui lui reprochent de traverser des pays déserts, à la recherche d'une économie de frais de premier établissement. On paraît craindre que les relations de l'Ouest vers Clermont, ajoutées aux ressources locales, ne puissent décider un important concours de capitaux à venir en aide à l'État.

L'exécution de la ligne projetée dans son parcours de Mont-luçon à Eygurande aurait pour résultat d'ajouter aux rela-tions de cette section avec Clermont celles qu'elle doit avoir avec le Nord et Paris. La ville de Tulle gagnerait ainsi une notable abréviation de parcours vers la capitale, non-seule-ment sur les chemins actuellement concédés par Brives, mais encore sur le tracé qu'elle sollicite par Limoges directement. On compterait, en kilomètres :

de Paris à Montluçon......	326	de Paris à Limoges... 400	400
de Montluçon à Eygurande..	85	de Limoges à Brives. 110	»
d'Eygurande à Tulle.......	85	de Brives à Tulle. 28	»
		de Limoges à Tulle. »	103
Soit au total...	496	538	503

Signalons en passant l'intérêt qu'il y aurait à réunir Tulle et sa manufacture d'armes avec les établissements de Bourges, et à leur assurer un facile approvisionnement des produits de l'Allier et du Cher, métal et combustible; et ne perdons pas de vue qu'après la section de Montluçon à Eygurande, de tous les kilomètres de chemins de fer à exécuter dans ces régions, ceux compris entre Eygurande et les abords de Tulle paraissent devoir être les moins coûteux.

§ 16. Ligne de la Dordogne. — Embranchement de Tulle à Argentat.

Quant à la ligne de la Dordogne avec embranchement sur Tulle par Argentat, elle s'exécuterait concurremment avec sa rivale, et avec un trafic distinct et rémunérateur, mais à la condition d'avoir une partie de son parcours un peu modifiée.

Nous venons de voir comment se réaliseraient la section d'Eygurande à Vendes qui ferait partie de la ligne de Paris à

Toulouse, et celle d'Eygurande à Clermont commune aux deux tracés rivaux. Il ne reste plus que la section comprise entre Vendes et la basse Dordogne. Jusqu'à Argentat, la vallée est abrupte, difficile, et d'un trafic local insuffisant. A ce point, au contraire, les rails trouveront la Dordogne accrue de la Maronne, navigable une partie de l'année, et la jonction ferrée avec Bergerac, conséquence naturelle de la concession de l'amorce de Libourne à Bergerac. Il paraît donc se recommander d'une manière spéciale. Malgré le niveau plus élevé de la ligne de Toulouse, au point de Vendes, il ne serait pas impossible de rejoindre Argentat par les bords escarpés de la Sumène et de la Dordogne. Mais les études faites, il y a quelques années, par l'ancien Grand-Central, nous fournissent un raccordement bien meilleur, surtout si les combinaisons indiquées plus bas viennent à se réaliser. La voie, à partir d'Argentat, remonterait la vallée de la Maronne pour regagner la ligne de Toulouse, soit à Pléaux, soit au pont de Raufet. La dépense serait moindre; la longueur à construire étant seulement de 31 kilomètres environ au lieu de 57, tandis que le parcours de Vendes à Argentat, porté à 62, ne serait augmenté que de 5 kilomètres.

Il n'y a rien à changer à l'embranchement d'Argentat à Tulle. Il formerait le prolongement de la section précédente, et réunirait Tulle à Aurillac en longeant la route impériale, ce qui ajouterait à son trafic et faciliterait son exécution.

Au delà, nous trouvons un terrain sur lequel sont engagées des luttes ardentes qui n'ont point encore abouti à un résultat définitif. Il s'agit du chemin de Tulle à Limoges, que des intérêts très-dignes de considération réclament comme partie intégrante du chemin de Limoges à Brives, compris dans les concessions de 1857 à la Compagnie d'Orléans. Le conseil général des ponts et chaussées, saisi de la question de préférence entre les deux tracés de Limoges à Brives, d'une part par Lafarge et Saint-Yrieix, et d'autre part par la vallée de la Briance, Tulle et la ligne de Tulle à Brives, a subordonné son avis au résultat de nouvelles études qui se poursuivent en ce moment. La longueur à construire devant être sensiblement la même, il semble que le seul motif de négliger le chef-lieu du département, sans grand avantage pour la sous-préfecture, est la position de celle-ci sur une ligne plus directe de Paris à Toulouse. Mais puisque cette grande ligne, d'après les considérations développées dans cet écrit, doit passer non plus par Châteauroux, Limoges et Brives, mais par Bourges, Montluçon et Aurillac, la question d'abréviation de parcours de la grande artère de Paris aux Pyrénées ne paraît plus un obstacle à desservir le chef-lieu de la Corrèze. On pourra donc donner satisfaction, sans sacrifier aucun intérêt important, à des exigences bien légitimes, et adopter le tracé par la Briance.

Ainsi déterminée, la ligne de Tulle à Limoges serait en prolongement de celle d'Argentat, et compléterait une communication transversale d'Aurillac à Limoges, Angoulême, Rochefort et La Rochelle.

Si cependant, par des raisons supérieures, Tulle ne pouvait être reliée directement à Limoges, il serait bon d'examiner s'il n'y aurait pas lieu de modifier les embranchements ci-dessus, soit en dirigeant celui d'Argentat vers Brives au lieu de Tulle, soit en allant rejoindre directement la Dordogne, près Saint-Denis, par la vallée de la Cère au lieu de la Maronne, de manière à réaliser encore pour Aurillac, quoique moins directement, un chemin de fer sur Tulle, Limoges et Bordeaux.

En somme, de Bort à Argentat, le tracé que nous propo-

sons ne suivrait pas la vallée de la Dordogne, mais il ferait
converger sur ce point ou un autre plus en aval les échanges
d'Aurillac et au delà avec Limoges, Tulle et Brives, et ceux
avec Bordeaux ; son trafic en serait évidemment amélioré.

Cette solution de la ligne de la Dordogne nous paraît
encore équitable à un autre titre. Elle réserve, en effet,
la question de la navigation de cette rivière, qui sera certainement réalisée dans un avenir plus ou moins proche, quand les
autres voies de transport économique auront développé les
ressources du pays qui nous occupe. A ce moment, la sollicitude du Gouvernement sera d'autant plus éveillée que le
nouveau canal devra parcourir des contrées plus dépourvues
d'ailleurs, et nous croyons que c'est accroître les chances de
son exécution que de réserver une portion de territoire à son
action fécondante, tout en donnant un chemin de fer à des
localités plus intéressantes aujourd'hui, et qui ne pourront
jamais espérer une voie navigable.

§ 17. Embranchements éventuels sur Aubusson et Saint-Éloi. — Jonctions diverses.

Dans la suite, le développement des richesses du pays et
les besoins industriels amèneraient probablement la création
de deux nouveaux embranchements. L'un relierait Aubusson
à un point de la ligne de Montluçon à la Capelle compris entre
le Chavanon et la route de Clermont, sur une longueur approxi-
mative de 25 kilomètres. L'autre relierait le bassin houiller
de Saint-Éloi à un point voisin du premier.

L'embranchement d'Aubusson ferait participer au grand
mouvement commercial alors développé dans la ligne principale les industries de cette ville, de Felletin et les houilles
d'Ahun ; il leur donnerait par Eygurande un débouché rapide

sur Clermont, et mettrait cette ville en communication directe avec Limoges. Il y a là des sources importantes de trafic qui ne sauraient manquer d'attirer l'attention.

Celui de Saint-Éloi desservirait les charbonnages de ce nom et de la Vernade, déjà en exploitation importante malgré le désavantage d'un transport par essieu sur 30 kilomètres, et appelés à prendre un grand développement par leur jonction à la ligne de Commentry à Gannat. Il vivifierait, en outre, le dernier des bassins houillers du Centre, celui de la Sioule, qui pourrait, d'ici à cette époque, donner de plus sérieux résultats. Enfin, il procurerait aux provenances du Centre et du Midi par la ligne de la Capelle une certaine économie de parcours sur Gannat, Roanne, Moulins et Nevers.

Ces deux embranchements paraissent devoir être d'une construction économique; aussi prendront-ils probablement leur tour dans le développement des voies de communication du Centre.

Nous avons tracé sur la carte d'ensemble quelques autres lignes qui se recommandent à des titres divers et concourront au trafic de celles qui nous occupent. Les jonctions de la Guépie à Carmaux et de Mazamet à Carcassonne suivront de près, sans doute, celles d'Alby à Castres et Mazamet, concédées récemment. — Celle de la Capelle ou l'Estancade à Saint-Christophe, par Conques, abrégerait la grande ligne de Paris à Perpignan. — Enfin celle de Montluçon à Tours, par Châteauroux, est vivement et depuis longtemps sollicitée.

Toutes ces lignes ne sont évidemment pas du même temps. En appelant l'attention sur elles, notre but n'est point leur exécution immédiate et simultanée, mais bien seulement l'étude d'un ensemble homogène et véritablement fécond dans l'avenir.

CHAPITRE VII.

Conclusion.

D'après ce qui précède il est facile de se rendre compte des ressources de trafic que trouvera la jonction de Montluçon à la Capelle. Elle reliera à Paris, avec abréviation de parcours, les chefs-lieux de neuf départements, Barcelone et l'Est de l'Espagne comprenant les provinces les plus riches et les plus peuplées. Elle complétera une ligne dirigée du Nord au Sud, c'est-à-dire dans le sens du principal mouvement des produits agricoles, en passant à proximité d'une vingtaine de bassins houillers, dont quelques-uns de la plus grande richesse.

Il est hors de doute qu'avec un concours relativement minime de la part de l'État, une Compagnie trouvera dans la construction de cette ligne une rémunération convenable et toujours croissante du capital qu'elle y engagera.

Les groupes industriels et houillers du Cher, de l'Allier, de la Creuse, du Puy-de-Dôme, du Cantal, de la Dordogne et de l'Aveyron en recevront une impulsion considérable; les voies de fer déjà projetées dans cette région en seront immédiatement améliorées et pourront être entreprises à des conditions moins onéreuses au trésor. L'État pourra, dans la combinaison projetée, réduire son concours à peu de chose, et il retrouvera, probablement plus promptement que dans toute autre entreprise, par le développement de la matière imposable et l'accroissement de la valeur territoriale, l'intégralité et au delà des avances qu'il aura consenties.

Son exécution nous paraît donc se recommander par un caractère évident d'utilité générale.

PARIS, IMP. PAUL DUPONT, RUE DE GRENELLE-SAINT-HONORÉ, 45. (1869.)

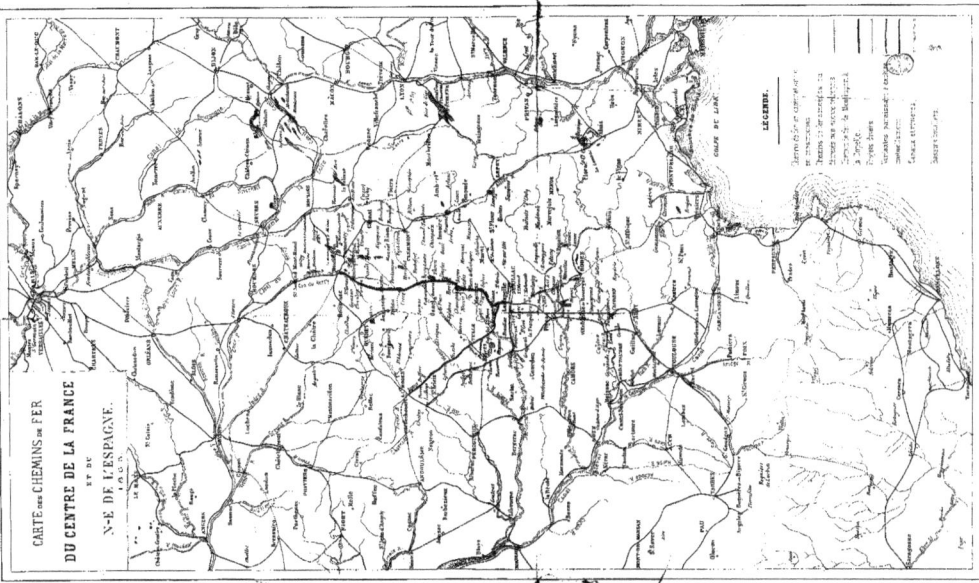

CARTE des CHEMINS de FER
DU CENTRE DE LA FRANCE
ET DU
N-E DE L'ESPAGNE.

LÉGENDE.

344

BIBLIOTHÈQUE NATIONALE DE FRANCE

3 7531 01329294 2

www.ingramcontent.com/pod-product-compliance
Lightning Source LLC
Chambersburg PA
CBHW070832210326
41520CB00011B/2225